THÈSE

POUR LA LICENCE.

FACULTÉ DE DROIT DE TOULOUSE.

THÈSE

POUR LA LICENCE,

EN EXÉCUTION DE L'ARTICLE IV, TITRE II, DE LA LOI DU XXII VENTOSE AN XII,

SOUTENUE

Par M. Joseph CHÈNE,

Né à Aurignac (Haute-Garonne).

TOULOUSE,

IMPRIMERIE DE LAMARQUE ET RIVES,

Rue Tripière, 9.

1861

HOMMAGE A LA MÉMOIRE DE MON CHER PÈRE!

A MON EXCELLENTE MÈRE!

A MES PARENTS. — A MES AMIS

JUS ROMANUM.

Commodati vel contra.

DIG., L. XIII, T. 6. — INST. JUST., LIB. III, TIT. 14, PARAG. 2.

Commodatum est contractus quo res usûs gratiâ gratìs datur alicui, ad tempus, finem, modum ve certum ; eâ conditione, ut eamdem ipsam reddat.

Non simili modò usquè obligationes contrahuntur. Namque tùm solo consensu, tùm verbis, tùm litteris, tùm re obligari solemus. Re autem obligatio, proüt quisque contrahentium decreverit diversa, diversos producit effectus. Etenim aliquando dominium, aliquando custodiam, aliquando pignus, aliquando jus utendi accipienti transfert, aliaque alio nomine appellatur mutuum scilicet, depositum, pignus, commodatum. De ipso contractu commodati, primâ sectione videndum est, alterâ, de obligationibus et de actionibus quæ ex illo contractu oriuntur.

SECTIO PRIMA.

De contractu commodati.

Sunt res quæ sunt maximè necessariæ ad commodati perfectionem :

I. In commodati contractu traditio intervenire debet ; namque re contrahitur commodati obligatio. « Cæterum rei commodatæ proprietatem et possessionem retinemus. » (L. 18, Pom., Lib. 5 ad Sab.) « Nemo, inquit Ulpianus, commodando rem facit ejus cui commodat. (Lib. 2. ad. ed.). In hoc commodatum a mutuo longè distat, cùm qui mutuum accipit, rei acceptæ dominium obtinet. »

II. Gratuita debet esse rei commodatæ præstatio. Namquè si rem utendam, mercede constitutâ vel acceptâ, dedi, non propriè commodata res erit ; « Locatus verò tibi usus rei videtur. » (Inst. Just, Lib. 3, T. 14, P. 2, in fine).— « Attamen commodatum non excludit honorarium, quod et in mandato locum habet. » (Dig., L. 6. Mandati, Lib. 17, T. 1.) Ratio est quia honorarium non est merces, nam per stipulationem vel pactum solet definiri. Nihil autem refert in quam usûs speciem res commodatario tradatur, dùm ille gratìs uti re possit.

III. Commodatarius rem eamdem restituere debet. In commodato enim, res in specie dantur, ità ut, usu finito, eadem species reddatur, dum ad substantiam mutui requiritur, ut, qui accepit obligetur ad restituendum hoc quod accepit, et quidem, non specie, sed genere idem.

Has propter causas, clarè apparet plures esse res quæ non commodari possunt; omne quod usu consumitur, fungibiles scilicet res, et quæ ponderæ, mensurâ, numeroque constant, in commodati deduci non licet; veluti pecuniam, frumentum oleum. « Quod si ad pompam et ostentationem tantum dantur, commodatæ res erunt » (L. 3, Parag., fin. Ulp., Lib. 28, ad. ed.). Quod consonat Gaïus. « Sæpè etiam ad hoc commodantur pecuniæ, ut, dicis gratiâ, numerationis loco ostendantur. » (L. 4, Lib. 1, de verb. oblig.)

Res mobiles ac soli pariter commodari posse non dubium est. Notandumque est non requiri, ut commodator rei commodatæ dominium, domini ve opinionem habeat. « Nam commodare possumus alienam rem quam possidemus, tametsi, scientes, alienam possideamus. » (L. 15, Paul, Lib. 29, ad. ed.) Ità ut si quis furtam rem commodaverit habeat commodati actionem.

Nom omnes inter personas commodati contractus contrahi potest. Si impuberi commodavero quæritur an habebo actionem commodati. Non teneri impuberem dicendum est, quoniam nec consistit commodatum in pupilli personâ, sine auctoritate tutoris : « Sed mihi videtur, si locupletior pupillus factus sit, dandam utilem commodati actionem. » (L. 3, Ulp., Lib. 28, ad. ed.) Hoc ita de furioso respondum est, sicuti mihi videtur. Sed tamen si quis quidquam commodato dare velit, ut sese obligare possit necesse est.

Sectio Secunda.

De obligationibus et de actionibus quæ ex commodato oriuntur.

Ex commodati contractu duo descendunt actiones, quorum, una quæ vocatur *directa*, commodatori adversus commodatarium ad rei restitutionem competit, et altera, quæ dicitur *contraria*, commodatario adversus commodatorem. Namque inter sese, per commodati contractum, commodator ac commodatarius pluribus teneri possunt obligationibus.

Videamus primum quâtenus actione commodati directa commodatarius teneatur, id est : 1° quando res commodata ab illo repeti potest ; 2° quam rem restituere debet; 3° quando fatalia damna illi imputabuntur.

I. Commodati contractus ex voluntate et officio magis quam ex necessitate oritur. Sæpius enim qui rem commodat, officium præbet. Itaque ad eum, modum finem et tempus præscribere pertinet. Hoc autem cùm fecit, rei commodatæ usum auferre non solum beneficio, sed etiam obligatione impeditur. « Igitur si pugillares mihi commodasti ut debitor mihi caveat, non recte facies importunè repetendo. Nam si negasses, vel emissem, vel testes adhibuissem ; adjuvari quippè nos non decipi beneficio opportet. » (D. L. 17, Parag., 5.)

II. Inter mutuum et commodatum principalis notanda est differentia. « Et ille quidem qui mutuum accepit, si quolibet casu, quod

accepit amiserit, nihilominus obligatus permanet. Is vero qui utendum accepit, si majore casu cui humana infirmitas resistere non potest, rem quam accepit amiserit, securus est. » (L. 1, P. 4, de oblig., et act. Gaius, Lib. 2.) Hujus differentiæ ratio facilis est : etenim qui in mutuum accepit, non rerum in specie, sed ejusdem generis quantitatis et qualitatis debitor est; porro genera non pereunt. Sed is qui commodatum accepit rei commodatæ in specie debitor fit; itaque si res debita perit, extinguitur obligatio. Verumtamen cùm commodata res interit, nisi exactissimam diligentiam præstaverit commodatarius, adversus eum commodatori dabitur actio. « Namque in rebus, com-
» modatis, ait Gaius, talis diligentia præstanda est, qualem quisque
» diligentissimus paterfamilias suis rebus adhibet : ita ut tantum eos
» casus non præstet, quibus resisti non possit; veluti latronum hos-
» tium ve incursus. » (L. 18, Gaius, Lib. 9, ad. ed., Provinc.) Nec sufficit, si alius diligentior custodire poterit. Prætera enim rem commodatam diligenter custodire tenetur, quod diligentiæ, quam præstare debet, pars principalis sit custodia. Itaque si res ista, etsi quidem a servo commodatoris rapta fuerit, commodatarius tenetur. Hinc planè vidimus commodatarium de levissima teneri culpa. Hoc ità, cùm accipientis gratia res commodata sit. Quodsi enim, ut evenit aliquando, utriusque partis gratia res utenda datur, commodatarium, scriptum apud Gaium invenimus, quasi dolum tantum præstare debere. « Interdum planè dolum solum in re commodatâ qui
» rogavit præstabit : ut putà, si quis ità convenit, vel si sua dun-
» taxat causa commodavit, sponsæ suæ fortè vel uxori, qua honestius
» culta ad se deduceretur. » (D., L. 5, P. 10.)

III. Attamen in cujus vis utilitatem res commodata sit, aliquando evenit ut de rei interitu adversus commodatarium non agendum erit actione directâ. Hoc ita, quando citra omnem culpam suam restituere non potest et cùm damnum, cui occurri non potuit, accidit. « Quod enim senectute contingit, vel morbo, vel vi latronum erep-
» tum est, aut quid simile accidit, dicendum est nihil eorum esse
» imputandum ei qui commodatum accepit, nisi aliqua culpa inter-

» veniat. » (L. 5, P. 4, Ulp., Lib. 28, ad. ed.) Igitur commodatario fatalia damna sunt imputanda, cum aliqua culpa intervenit. « Si tibi » equum commodavero ut ad villam adduceres, tu ad bellum duxeris, » commodati teneberis » (L. 5, Parag., 7, Lib. 28, ad. ed.). Et ita quoque, si specialiter commodatarius horum periculum suscepit.

Amplius rem commodatam non deteriorem factam, reddere debet commodatarius; alioquin tenebitur « quod propriè dicitur res non » reddita quæ deterior redditur » (L. 3, P., 1, Ulp., Lib. 28, ad. ed.), nisi ex ipso usu adquem commodata est detrimentum eveniat.

Non adversus commodatarium pariter erit agendum, si res ab alio citra ipsius culpam sit deterior facta. « Quâ enim curâ, aut diligentiâ, » Julianus inquit, consequi possumus ne aliquis damnum nobis injuria det? » (L. 19, Julian., Lib. 1, Dig.)

Videamus nunc quando et ex quibus causis contraria commodati actio commodatario adversus commodatorem competit.

I. Hæc primum contraria actio datur, si commodatarius ad eum usum ad quem res commodata est uti prohibeatur. « Si tibi, codicem » commodavero et in eo chirographum debitorem tuum cavere fece- » ris; ego que hoc interlevero, si quidem ad hoc tibi commodavero, » ut caveretur tibi in eo, teneri me contrario judicio. » (L. 5, P. 8, v. denique Ulp., Lib. 28, ad. ed.)

II. Contraria quoque datur actio, si impensas ad rem commodatam conservandam reparandamque commodatarius fecerit. « Possunt justæ » causæ intervenire ex quibus cum eo qui commodasset agi deberet, » veluti de impensis in valetudinem servi factis. » (L. 18, P. 2. Gaius, Lib. 19, ad. ed. prov.)

III. Adversus commodatorem agere potest commodatarius hâc actione damni nomine quod sensit ex vitio rei commodatæ de quo commodator, cùm tamen sciret, non monuit. « Si servus, quem tibi » commodaverim, furtum fecerit, furti quidem noxalem habere qui » commodatum rogavit, procul dubio est : contraria autem commo- » dati tunc eum teneri, cùm sciens talem esse servum, ignoranti » commodavit. » (L. 22. Paul, Lib. 22, ad. ed.)

POSITIONES.

I. Cùm rem commodatam perdiderit et pro eâ pretium dederit commodatarius, et deinde res in commodatoris potestate venerit, quid respondebis ? Contrario judicio aut rem commodator præstare debet aut quod accepit. (L. 17, P. fin. Paul., lib. 29, ad. ed).

II. An existimas commodati actionem etiam sine principali moveri posse, sicut et cæteræ quæ dicuntur contrariæ ? Moveri posse mihi videtur.

CODE NAPOLÉON.

Des causes de dispense, d'exclusion et de destitution de la tutelle (Art. 427 à 449).

Il suffit d'étudier un peu attentivement le texte et l'esprit de nos lois au titre de la minorité et de la tutelle, sans avoir besoin de recourir aux doctrines des jurisconsultes et aux monuments de la jurisprudence, d'accord et unanimes sur ce point, pour demeurer convaincu que la tutelle est chez nous, comme chez les Romains, une charge quasi-publique : *Tutela est munus quasi-publicum.* Il faut entendre ce principe en ce sens que la tutelle est déférée par la loi, ou en vertu de la loi, au nom de l'intérêt général, auquel il importe que les impuissants ne restent pas sans défenseur. Mais comme c'est une fonction nécessairement gratuite et sans honoraires pour celui qui la gère, que cependant les devoirs qu'elle impose sont multipliés, il devait être à craindre qu'on ne trouvât que difficilement des personnes disposées à accepter une pareille charge. Aussi le législateur a-t-il pris soin de préciser, par forme d'exception, les situations particulières dans lesquelles on aurait la faculté de la refuser. De là la théorie des causes de dispense de la tutelle.

D'un autre côté, il est évident que toutes les personnes ne pouvaient pas être aptes à la tutelle, et réunir les qualités indispensables pour une bonne administration. Ainsi, les unes à cause d'un manque de capacité, les autres à cause de leur indignité, devaient être écartées ou exclues. C'est la théorie des causes d'incapacité, d'exclusion et de destitution de la tutelle.

Section Ire.

Des causes de dispense de la tutelle. (Art. 427 à 441, C. Nap.).

Il ne faut pas confondre les excuses avec les incapacités. Il importe, au contraire, d'en faire soigneusement la distinction :

L'*excuse* est le droit de se faire dispenser d'accepter la tutelle ou de s'en faire décharger. L'*incapacité* est une cause indépendante de la volonté de la personne, et qui s'oppose à son admission ou à sa conservation à la tutelle. L'*incapacité* écarte de la tutelle ceux même qui voudraient l'accepter. L'*excuse* est une cause de dispense pour ceux qui, s'ils y consentaient, pourraient être tuteurs.

La loi énumère sept causes d'excuse :

1° L'exercice d'une fonction publique; le service militaire; une mission du gouvernement (427-429). — 2° La qualité d'étranger à la famille, lorsqu'il y a dans la distance de 4 myriamètres des parents ou alliés en état de gérer la tutelle (432). — 3° L'âge (433). — 4° Les infirmités (434). — 5° Le nombre des tutelles (435). — 6° Le nombre d'enfants (436). — 7° Enfin le sexe, lorsque c'est la mère survivante qui est appelée à la tutelle (394).

Remarquons d'abord que les excuses sont de plusieurs sortes, suivant qu'on les envisage, dans leurs motifs, dans leurs effets, ou dans leur durée. — Considérées sous le rapport de leurs motifs, les unes sont fondées sur l'intérêt général, ont pour base la faveur attachée à certaines dignités. Telles sont celles comprises dans les art. 427 à 429 du Code Nap. ; les autres sont fondées sur l'intérêt privé du tuteur ou du mineur. Ce sont celles comprises dans les art. 432 à 436. — Considérées sous le rapport de leurs effets, les unes dispensent *à suscipiendâ* et *à susceptâ tutelâ*, c'est-à-dire qu'elles produisent leur effet à quelque époque qu'elles existent : existent-elles à l'ouverture de la tutelle, elles donnent le droit de la refuser ; surviennent-elles après l'acceptation, le tuteur peut les faire valoir pour s'en faire décharger. Les autres dispensent seulement *à suscipiendâ tutelâ*, c'est-à-dire ne sont efficaces qu'autant qu'elles sont antérieures à la tutelle. Elles ne valent jamais pour se faire décharger d'une tutelle acceptée. Notons que la loi est moins favorable à la décharge d'une tutelle qu'à la non acceptation, afin d'éviter les changements fréquents de tuteur, changements toujours préjudiciables au mineur. Enfin, considérées au point de vue de leur durée, les excuses sont temporaires ou perpétuelles. Les fonctions publiques sont dans la classe des excuses temporaires et ne valent que pour le temps et durée de ces fonctions. Reprenons les diverses sortes d'excuses dans l'ordre de leur énumération.

I. *L'exercice d'une fonction publique ; le service militaire ; une mission du gouvernement* (427 à 429). — Les personnes qui remplissent ces sortes de fonctions publiques doivent faire à l'Etat le sacrifice de leurs affections et de leurs intérêts privés : — « Sont dispensées de la tutelle, dit l'article 427, les personnes désignées dans les titres III, V, VI, VIII, IX, X et XI de l'acte du 18 mai 1804. » Ces personnes sont : 1° les membres de la famille impériale ; 2° les grands dignitaires de l'empire ; — 3° les grands officiers de l'empire ; — 4° les sénateurs ; — 5° les conseillers d'état ; les membres du corps législatif et les tribuns. Cela se rapporte, on le voit, à un état de choses qui n'est plus tout à fait le même. Mais, serait-on fondé à conclure que le principe de la dispense doit s'appliquer à toutes positions analogues compatibles avec notre organisation politique? Si l'on considère que de tout temps dans notre législation, certaines dignités ont été des causes d'excuse à cause de leur éminence, et que lors de l'édition officielle du Code publiée en vertu de l'ordonnance du 17 juillet 1816, on reproduisit l'art. 427 de l'édition impériale, en prenant soin de mettre par renvoi et en note ces mots : « *Plusieurs places et titres auxquels cette dispense s'applique n'existent plus,* » on verra clairement qu'il faut répondre d'une manière affirmative.

Notre énumération sera : 1o les membres de la famille impériale ; les grands dignitaires et les grands officiers de l'empire, les sénateurs, les conseillers d'état et les membres du corps législatif. — L'art. 427 continue « 2° les *présidents et conseillers à la cour de cassation, le procureur général, les avocats-généraux en la même cour.* » Ajoutons, les membres de la cour des comptes auxquels l'article 7 de la loi du 16 septembre 1807 attribue les *mêmes prérogatives* que celles dont jouissent les membres de la cour de cassation ; — 3o *Les préfets et tous citoyens exerçant une fonction publique dans un département autre que celui où la tutelle s'établit.* Ce bénéfice, d'après un avis du conseil d'état, du 20 novembre 1807, s'applique à tous les fonctionnaires publics, à toutes personnes attachées au service des divers cultes, dont les charges exigent résidence d'après les lois de l'Etat et pour lesquelles elles ont été agréées par le gouvernement.

L'art. 428 complète l'énumération : « *les militaires en activité de service, et tous autres citoyens qui remplissent, hors du territoire de l'Empire, une mission de l'Empereur*. La mission doit venir directement de l'Empereur ; émanant d'une autorité secondaire, elle n'aurait plus ce caractère d'importance qui fait fléchir tous les devoirs devant l'obéissance due au gouvernement. Si la mission n'est pas authentique, si elle est contestée par le conseil de famille qui refuse de l'admettre comme excuse, parce qu'il doute de la sincérité du réclamant, celui-ci doit en faire la preuve par la représentation d'un certificat du ministre dans le département duquel se place la mission articulée comme excuse. Il est de principe, en effet, que c'est à la personne qui invoque une excuse à la prouver. Les fonctions ou services publics dispensent *à suscipiendâ* et *à susceptâ tutelâ.*

L'art. 430 contient une disposition qui est l'application du principe que nous avons posé plus haut, savoir : que les excuses dispensent de la tutelle, mais qu'elles n'établissent point d'incapacité. Rien n'empêche les personnes qui ont une excuse de ne point s'en prévaloir et de renoncer à l'avantage que leur confère la loi. La renonciation au bénéfice de la loi peut être tacite, et résulter de l'acceptation de la tutelle postérieurement aux fonctions, services ou missions qui en dispensent, ou du silence que garde pendant un certain temps une personne à qui lesdites fonctions, services ou missions auront été conférées postérieurement à l'acceptation et gestion d'une tutelle (art. 431).

II. *La qualité d'étranger à la famille lorsqu'il y a dans la distance de 4 myriamètres des parents ou alliés en état de gérer la tutelle* (**art. 432**). — La tutelle est principalement une charge de famille. Il est juste qu'elle pèse sur cette famille, avant de peser sur des étrangers. De là, la disposition de l'art. 432 : Toute personne non parente ni alliée ne peut être forcée d'accepter la tutelle, lorsqu'il existe dans un rayon de quatre myriamètres des parents ou alliés en état de la gérer. Si ces parents ou alliés se trouvent au-delà de quatre myriamètres du lieu où la tutelle s'est ouverte, ils sont alors dans l'impossibilité de donner aux affaires du mineur des soins continuels et instantanés. A notre avis, cette excuse ne peut être invoquée que par les personnes étrangères à la famille; elle ne pourra l'être par les parents ou alliés du mineur. Remarquons que cette excuse ne vaut que pour se dispenser d'accepter la tutelle.

III. *L'âge* (433). L'excuse fondée sur l'âge est motivée sur l'intérêt du mineur et en même temps sur l'intérêt du tuteur : il importe au mineur que la tutelle ne soit pas confiée à un homme affaibli par l'âge ; comme aussi il serait trop rigoureux d'imposer à cet homme le fardeau d'une tutelle. Aussi, tout individu âgé de *soixante-cinq ans* accomplis peut refuser d'être tuteur; et celui qui aura été nommé *avant cet âge,* pourra, à *soixante-dix ans*, se faire décharger de la tutelle. Les septuagénaires peuvent se faire décharger de la tutelle, pourvu qu'ils aient été investis de cette fonction avant l'âge de soixante-cinq ans, autrement ils seraient considérés comme ayant renoncé tacitement au bénéfice de la loi ; les termes du texte sont formels. Du reste, en ce qui concerne la différence établie par notre article à l'égard des personnes âgées de soixante-cinq ans et les personnes âgées de soixante-dix ans, il faut dire que la loi est défavorable aux changements de tuteurs, changements qui nuisent à la bonne administration des biens du mineur et occasionnent des frais qui restent à sa charge. Il nous semble clair que la soixante-dixième année doit être accomplie. *Non videtur major esse septuaginta annis*, dit la loi romaine, *qui annum agit septuagesimum*. (L. 3, f. f. de immunitatis; L. 2., f. f. de excusationibus). « D'ailleurs il eût été bizarre de calculer, dans un seul et même article, la vie de l'homme, en considérant la dernière année tantôt comme accomplie et tantôt comme simplement commencée. » (Valette sur Proudhon, t. 2, p. 336).

IV. *Les infirmités* (434). Cette excuse repose sur les mêmes motifs que la précédente : *Et a suscipiendâ et a susceptâ tutelâ excusat*. L'infirmité est un état continuel de maladie ; grave et justifiée, elle dispense de la tutelle. Est-elle survenue depuis l'acceptation, le tuteur pourra se faire décharger de la tutelle. Malgré les termes formels de la loi : *si elle est survenue depuis sa nomination*, une infirmité qui, depuis la tutelle, aurait pris un caractère notable de gravité, vaudrait pour se faire décharger de la tutelle. C'est une opinion généralement admise. Cette aggravation peut être considérée comme une infirmité postérieure à la tutelle.

V. Le *nombre de tutelles* (435). Deux tutelles sont déjà très onéreuses, et une troisième pourrait excéder les forces du tuteur et compromettre la bonne administration de sa fortune ainsi que les intérêts du mineur *à suscipiendâ tutelâ excusat*. Les tutelles ne se comptent point par le nombre des *pupilles*, mais par le nombre des *patrimoines distincts* et séparés qu'il faut gérer : *non numerus pupillorum plures tutelas facit, sed patrimoniorum separatio*. La tutelle de deux mineurs dont les biens sont indivis ne comptent que pour une : *qui tribus fratribus tutor datus est, qui indivisum patrimonium haberent, unam tutelam suscepisse habetur* (ff., l. 3, de excus., et Parag. 5, Inst., de excus. tut. vel. cur.)

La qualité d'époux ou de père vaut une tutelle. Dès-lors celui qui réunit à une de ces qualités une tutelle peut se dispenser d'en accepter une seconde, si ce n'est celle de ses propres enfants. Quant au veuf sans enfants, il doit être placé sur la même ligne que le célibataire. Mais le père naturel pourrait-il faire valoir sa qualité pour se faire dispenser d'accepter une seconde tutelle ? La loi n'a pas pu vouloir autoriser le père naturel à se prévaloir de sa faute pour invoquer un avantage. D'ailleurs, l'art. 436 ne laisse aucun doute sur ce point, puisqu'il emploie l'expression précise d'*enfants légitimes*.

VI. *Le nombre d'enfants* (436). — Cette disposition de l'art. 436 fondée sur cette considération, qu'un père ne peut être forcé de diriger sur des étrangers une affection et des soins qu'il doit tout entiers à sa famille nombreuse, et sur la faveur qui est due à la fécondité conjugale, est une excuse *à suscipiendâ tutelâ*. La loi exigeant que les enfants soient légitimes, l'enfant naturel et l'enfant adoptif ne compteront pas. Il faut en dire autant de l'enfant conçu qui ne doit être réputé né qu'autant qu'il y va de ses intérêts : *quotiès de commodis istius agitur*. — Les enfants morts ne comptent pas, quel que soit leur nombre. Cette règle souffre deux exceptions : 1° à l'égard des enfants *morts en activité de service,* dans les armées de l'Empereur. La cause de leur mort importe fort peu ; ils comptent par cela seul qu'ils sont morts au service ; cette expression comprend les employés militaires ; 2° lorsque les enfants morts ont laissé des enfants vivants ; mais ces enfants, quel que soit leur nombre, ne peuvent être comptés que pour celui dont ils sont issus. La survenance d'un cinquième enfant après l'acceptation de la tutelle ne vaut pas pour s'en faire décharger. Ici encore le législateur se montre défavorable à la décharge de la tutelle.

VII. *Le sexe* (394). Le sexe n'est une cause d'excuse que pour la mère et les ascendantes ; pour les autres personnes, le sexe constitue une incapacité.

Section II.

Modes et délais pour la présentation des excuses.

Il importe que les personnes désignées pour gérer la tutelle, manifestent au plutôt les excuses qu'elles peuvent avoir à invoquer ; sans cela leur silence pourrait constituer une renonciation tacite au bénéfice de la loi. Le législateur a prévu deux hypothèses :

I. S'agit-il d'un tuteur datif? S'il est présent à la délibération qui lui confère la tutelle, il doit, sous peine de déchéance, présenter ses excuses immédiatement. S'il n'a pas assisté à la délibération du conseil de famille, il doit convoquer ce conseil, et lui demander sa décharge dans le délai de trois jours, à partir de la notification qui lui a été faite de sa nomination ; ce délai est augmenté d'un jour par trois myriamètres de distance du lieu de son domicile à celui de l'ouverture de la tutelle.

II. S'agit-il d'un tuteur légitime ou testamentaire, l'excuse doit être présentée dans le même délai ; mais ce délai court du jour où il a connu l'ouverture de la tutelle. Le tuteur légitime ou testamentaire qui ne veut pas accepter, doit faire sa déclaration au juge de paix du lieu où la tutelle s'est ouverte. Ce magistrat assemble aussitôt le conseil de famille, à l'effet d'apprécier les excuses présentées, et, s'il y a lieu, de pourvoir à la nomination d'un autre tuteur.

D'après l'article 431, les personnes investies de fonctions publiques, postérieurement à l'acceptation d'une tutelle, auront un mois pour convoquer le conseil de famille, à l'effet de se faire remplacer. L'administration de la tutelle n'étant pas en souffrance, il n'y a pas d'inconvénient à accorder ce délai.

L'appréciation des causes d'excuse appartient au conseil de famille, auquel elles doivent être proposées, sauf le droit de recourir au tribunal de Première Instance, s'il y a lieu. Le jugement sera susceptible d'appel (889, Code de Procéd.). Provisoirement et jusqu'à la fin du litige, le tuteur est tenu de gérer la tutelle. Si le tuteur succombe dans son pourvoi devant la justice, il doit être condamné à tous les frais du procès; s'il parvient à faire admettre ses excuses, le tribunal peut condamner aux dépens ceux qui auront rejeté l'excuse. Lorsque les membres du conseil de famille, soit dans un intérêt personnel, soit par un entêtement ridicule, ont rejeté la demande en excuse, le juge les condamnera aux frais. S'ils ont agi avec bonne-foi et dans l'intérêt du mineur, c'est par celui-ci que le tribunal fera supporter les frais.

Section III.

Des causes d'incapacité; des exclusions et destitutions de la tutelle.
(Art. 442 à 449.)

Dans la distinction faite plus haut entre l'excuse et l'incapacité, nous avons compris, sous cette dénomination générale d'*incapacité*, l'*incapacité* proprement dite, l'exclusion et la destitution. Elles se ressemblent en ce qu'elles opèrent le même résultat. Elles écartent de la tutelle celui qui voudrait l'accepter ou la conserver. Mais elles diffèrent dans leurs motifs :

L'*Incapacité* provient d'un état de faiblesse de la personne, ou de certaines relations qui existent entre cette personne et le mineur; en un mot, elle n'a rien d'humiliant pour l'incapable, et ne touche pas à son honneur ou à sa probité; tandis que *l'exclusion* et la destitution prennent leur source dans un défaut de moralité ou de dignité ; elles écartent la personne comme indigne.

Les causes d'incapacité sont au nombre de quatre : 1° la minorité; 2° l'interdiction; 3° le sexe; 4° l'opposition d'intérêt.

Le Code Napoléon établit quatre causes d'exclusion ou de destitution :

1° La condamnation à une peine afflictive ou infamante; 2° l'inconduite notoire; 3° l'incapacité; 4° l'infidélité. A ces causes il faut ajouter : 5° la condamnation à une peine correctionnelle prononcée contre les personnes coupables d'avoir excité, favorisé ou facilité habituellement la prostitution ou la corruption des mineurs (335, C. P.); 6° l'interdiction à temps de certains droits civils (9 et 42, C. P.).

On dit que les premières *écartent* de la tutelle ou amènent la *révocation*, et que les secondes *excluent* ou font *destituer*.

§ 1er.

Incapacités proprement dites.

Sont incapables:

I. *Les mineurs, excepté le père ou la mère.* — On ne peut confier l'administration d'une tutelle à celui qui a besoin lui-même de protection; le mineur émancipé ne peut en être investi. Les termes de la loi sont absolus. Cependant, le législateur fait une exception en faveur des père et mère du mineur, parce que chez eux l'affection supplée à l'expérience qui peut leur manquer. On s'accorde à restreindre leurs pouvoirs comme tuteurs aux actes qu'ils auraient la capacité de faire pour eux-mêmes sans l'assistance de leur curateur. Nous pensons qu'il convient, sous ce rapport, de placer les père et mère naturels sur la même ligne que les père et mère légitimes. Mais, bien entendu, les père et mère naturels qui ne sont pas *émancipés*, et qui, par conséquent, sont eux-mêmes en tutelle, ne peuvent pas avoir la tutelle de leurs enfants. Cependant, l'opinion contraire est enseignée par des auteurs très estimés.

II. *Les interdits.* — Les interdits sont privés de leurs droits civils, et placés sous la puissance d'autrui. On ne pouvait leur confier une tutelle. — *Quid* des demi-interdits? A notre avis, ils sont capables. Les incapacités sont de droit étroit. On aurait toujours le recours de l'art. 444, C. N.

III. *Le sexe.* — Pour les femmes, filles ou veuves, le sexe constitue une incapacité; pour la mère et les ascendantes, il ne constitue qu'une excuse. Ajoutons la femme qui peut être tutrice de son mari interdit (art. 507). « La loi n'a pas cru, dit un auteur judicieux, pouvoir enlever une femme à ses devoirs de famille et à cette réserve d'habitudes que son sexe lui commande, pour la charger d'une mission presque publique, pour laquelle son aptitude est généralement très douteuse. On a craint, en outre, qu'elle ne se laissât dominer par des influences dangereuses. » La loi a pris en considération l'affection présumée de la mère et ascendantes pour leurs enfants.

IV. *L'opposition d'intérêts.* — Il serait dangereux de mettre le tuteur dans l'alternative d'avoir à opter entre ses devoirs et ses intérêts. De là : tous ceux qui ont, ou dont les père et mère ont, avec le mineur, un procès actuellement engagé, dans lequel *l'état* de ce mineur, sa *fortune*, ou *une partie notable* de ses biens est compromise sont incapables d'être tuteurs.

§ 2.

Des exclusions et destitutions.

Doivent être exclus ou destitués :

I. *Ceux qui ont encouru une condamnation afflictive ou infamante.* — La loi devait repousser de la tutelle l'homme qui se trouve frappé d'une condamnation de cette sorte, parce qu'il ne se trouve plus en lui aucune garantie de moralité. Dans ce cas, l'exclusion ou la destitution ont lieu de plein droit. Les effets de ces sortes de condamnations sont perpétuelles, à moins que le condamné n'ait été réhabilité. Toutefois, le condamné qui a subi sa peine, peut, sur l'avis de famille, être nommé tuteur de ses enfants (34, C. P.).

II. *Les gens d'une inconduite notoire.* Les expressions dont la loi fait usage doivent être entendues dans ce sens, qu'il faut repousser de la tutelle, non-seulement celui qui dissipe follement son patrimoine, mais aussi celui qui se déshonore par la dépravation de ses mœurs.

III. *Ceux dont la gestion attesterait l'incapacité ou l'infidélité.* L'incapacité provient d'un défaut d'expérience ou d'intelligence; l'infidélité d'un manque de délicatesse ou de probité. Peu importe que l'incapacité ou l'infidélité se soient manifestées, dans la gestion des biens, ou dans les rapports personnels du tuteur au mineur.

IV. L'article 335 du C. Pénal prononce l'interdiction temporaire de toute tutelle, contre quiconque a attenté aux mœurs, en excitant, favorisant ou facilitant habituellement la débauche ou la corruption de la jeunesse de l'un ou de l'autre sexe au-dessous de l'âge de vingt-un ans.

V. Enfin, les tribunaux correctionnels pourront prononcer l'interdiction à temps de la tutelle conformément aux dispositions des art. 9 et 42 du Code Pénal.

§ 3.

Mode d'exclusion ou de destitution du tuteur.

L'exclusion comme la destitution est prononcée par le conseil de famille, qui sera convoqué à cet effet, à la diligence du subrogé-tuteur ou d'office par le juge de paix. Ce magistrat ne pourra se dispenser de faire cette convocation, quand elle sera formellement requise par un ou plusieurs alliés du mineur, jusqu'au degré de cousin-germain. Le repos des familles ne peut permettre d'étendre cette faculté à un degré plus éloigné, parce que, au-delà de ce degré, la loi ne trouve plus une garantie suffisante dans l'affection des parents ou alliés.

L'exclusion et la destitution sont des sortes de peines prononcées par le conseil de famille contre le tuteur. Aussi la délibération ne peut être prise qu'après qu'on a entendu ou appelé le tuteur, et elle doit être motivée lors même qu'elle est unanime. Si elle n'est pas unanime, l'avis de chacun des membres de l'assemblée doit être mentionné dans ce procès-verbal (883, C. Proc.). Si le tuteur est maintenu, la décision du conseil de famille est inattaquable ; si le tuteur est exclu ou destitué, le conseil de famille procède sur le champ à la nomination d'un nouveau tuteur qui entre aussitôt en fonctions. Trois hypothèses sont possibles : 1° *Le tuteur adhère à la délibération.* Il sera fait au procès-verbal mention de l'adhésion. Si le tuteur présent garde le silence, il est bon de lui faire signer le procès-verbal. 2° *Le tuteur réclame sans exercer de recours direct.* Dans ce cas, le subrogé-tuteur doit poursuivre l'homologation dans le délai fixé par le conseil, et, à défaut de fixation, dans le délai de quinzaine, devant le tribunal de première instance qui prononce, sauf l'appel. 3° *Le tuteur intente lui-même l'action récursoire.* Dans ce dernier cas, l'art. 448, C. N., veut que l'assignation soit donnée au subrogé-tuteur.

L'art. 449, C. N., accorde aux parents, qui ont requis la convocation du conseil de famille à l'effet de prononcer l'exclusion ou la destitution du tuteur, le droit d'intervenir dans la cause, c'est-à-dire de se présenter comme partie dans le procès déjà commencé. De quelque manière que les tribunaux soient saisis, l'affaire doit être instruite et jugée comme affaire urgente, c'est-à-dire qu'elle doit être dispensée du préliminaire de la conciliation, et que le délai pour comparaître doit être moins long que pour les affaires ordinaires, (49 et 72, C. Proc.).

POSITIONS.

I. Le quatrième alinéa de l'art. 442, C. N., est-il limitatif ; en d'autres termes, l'incapacité du tuteur se trouve-t-elle restreinte au cas de litige entre le mineur d'une part, et le tuteur ou ses père et mère d'autre part ? Nous tenons pour l'affirmative.

II. Les tribunaux pourraient-ils admettre une excuse, non écrite dans la loi, rejetée par le conseil de famille ? Non.

III. Le père du mineur peut-il se faire excuser de la tutelle de ce mineur, sous prétexte qu'il remplit des fonctions publiques dans un département autre que celui où il a son domicile ? Non.

PROCÉDURE CIVILE.

De la Conciliation. (Liv. II, T. 1, art. 48 à 58, C. de Proc.).

Avant de porter une contestation devant les juges des tribunaux civils, il est de principe dans nos lois, que les plaideurs doivent comparaître devant un tribunal de paix, organisé pour les empêcher, s'il est possible, par une transaction amiable, d'entamer le procès, en leur répétant cet adage : « Mauvais accommodement vaut mieux que bon procès. »

La conciliation est une création des lois nouvelles, une institution de l'assemblée constituante qui, par une loi du 24 août 1790, organisa la première en France un tribunal de conciliation, et en fit une des attributions du juge de paix. Mais en exigeant cette tentative pour chaque degré de juridiction, en y soumettant dans tous les cas et dans toutes les affaires, la loi de 1790 donnait à ce système une étendue qui devait le rendre plus onéreux qu'utile. Les inconvénients qui résultèrent de cette trop grande extension, donnèrent un moment l'idée de l'abolir complètement ; mais heureusement que les rédacteurs du Code de Procédure s'arrêtèrent à cette idée très sage et très saine, qu'il fallait maintenir le principe, tout en le dégageant de ses inconvénients. On ne le conserva que dans les cas où la probabilité d'une transaction pouvait compenser les frais et les lenteurs de ce préliminaire.

Section Ire.

Des affaires soumises au principe de la conciliation.

Toutes les fois que l'affaire est de la compétence du juge de paix, comme juge, il n'y a pas lieu à ce préliminaire, mais rien n'empêche qu'alors même la voix du conciliateur se fasse entendre. Le législateur n'y soumet que les affaires devant être portées devant les tribunaux de première instance jugeant en premier ressort en matière civile. L'article 48 pose le principe des affaires soumises à cet essai, et indique déjà trois restrictions générales à ce principe; ces trois restrictions se rapportent : 1o à la nature de la demande; 2o à la qualité et au nombre des parties; 3o à l'objet de la demande.

I. La première condition pour qu'il y ait lieu de tenter la conciliation, c'est que l'affaire soit *principale introductive d'instance :* ces deux expressions *principale introductive d'instance*, synonymes en apparence, ont une différence légale : une demande est principale lorsqu'elle ne se rattache à aucune affaire pendante entre les parties; mais on conçoit que cette demande principale peut ne pas être introductive d'instance, c'est-à-dire ne pas commencer un procès tout-à-fait distinct. Mais une demande introductive d'instance est toujours principale. Le motif de la loi est évident; il est peu probable que les parties s'entendent incidemment, c'est-à-dire à l'occasion d'une affaire née pendant la contestation engagée, lorsqu'elles n'ont pu s'entendre au principe. L'essai de conciliation aurait peu de chance de réussir et pourrait être la cause de lenteurs et de frais préjudiciables. Il faut rattacher ici le § 3 de l'article 49, qui porte que *les demandes en intervention ou en garantie sont dispensées du préliminaire de conciliation*. C'est une première cause de dispense qui tient à la nature de la demande ; c'est une application, un exemple de la règle écrite clairement dans l'article 48. Mais il faut faire une précision ; la demande en garantie dispense du préliminaire de conciliation, quand elle est formée d'une manière incidente; que si, au contraire, elle est introductive d'instance, elle est subordonnée à ce préliminaire.

II. La seconde condition, c'est que les parties doivent être capables de transiger. La conciliation a pour but d'amener une transaction. Il eût été dérisoire et dispendieux d'assujétir à cette tentative des parties qui, à raison de la faiblesse de l'âge, ou de l'interdiction, n'ont pas la capacité de transiger. Ici se rattache la deuxième cause de dispense fondée sur la qualité et nombre des parties.

Le paragraphe 1er de l'art. 49 a le tort d'être inutile après l'art. 48, et de plus il est incomplet: sont dispensées du préliminaire de conciliation, dit cet article : I. Les demandes qui intéressent l'état et le domaine. L'état peut être considéré tantôt comme gouvernement et tantôt comme domaine, c'est-à-dire possédant des biens. Dans les deux cas, c'est une personne morale. Il en est de même des communes, des établissements publics. Toutes les demandes qui intéressent ces personnes morales sont soumises à un essai de conciliation tout particulier et administratif. (Voir M. Chauveau, Principes de Compétence et de Juridiction administrative).

II. *Les mineurs*. Des auteurs ont distingué entre les mineurs non émancipés et les mineurs émancipés. Pour les premiers, aucun doute n'est possible. La prohibition de l'art. 467, C. N., est expresse. Mais à l'égard des mineurs émancipés, ces auteurs tiennent qu'ils sont soumis à l'essai de conciliation pour les actes de pure administration, pour lesquels ils ont capacité. Cette distinction nous semble inadmissible. D'abord aucune semblable distinction n'existe dans la loi ; les termes y sont absolus: *ubilex non distinguit, nec nos distinguere debemus*. D'ailleurs, de ce qu'ils peuvent faire seuls certains actes simples et faciles, il ne s'ensuit pas qu'ils aient la capacité de transiger sur les difficultés souvent délicates qui peuvent naître de l'exécution de ces actes.

III. *Les interdits*. Il faut réserver cette expression à ceux qui sont tels aux yeux de la loi. *Quid* des demandes intéressant les personnes pourvues d'un conseil judiciaire? Parmi les incapacités dont l'art. 513 du C. N. frappe le prodigue se trouve formellement celle de transiger. Le prodigue est donc incapable de se concilier, au moins sans l'assistance du conseil judiciaire.

IV. Les demandes qui intéressent les curateurs aux successions vacantes. Que décider à l'égard des femmes mariées ? La conciliation ne peut avoir lieu qu'entre personnes capables; or, la femme mariée est rangée parmi les incapables, dans l'art. 1134, C. N. Elle ne peut transiger sans l'autorisation de son mari. La tentative de conciliation serait inutile. Mais si la femme est séparée de biens avec son mari, soit judiciairement, soit contractuellement, elle a la faculté, d'après l'art. 1149, C. N., d'aliéner son mobilier. Il faut en conclure qu'elle peut transiger pour ce qui regarde ce mobilier, et qu'elle est assujétie au préliminaire de conciliation.

V. *Les demandes formées contre plus de deux parties, encore qu'elles aient le même intérêt* (art. 49, § 6). La transaction paraît improbable à cause du nombre d'intérêts à accorder : d'ailleurs les frais augmentent lorsqu'il y a plusieurs défendeurs. Doit-on appliquer la dispense, au cas d'une action intentée contre plus de deux débiteurs, unis par un lien de société? Si la société est commerciale, il n'y a pas de difficulté. Le paragraphe 4 de l'art. 49 nous en dispense. Mais si la société est civile, peut-on dire que la demande est dirigée non pas contre trois défendeurs distincts, mais contre un seul défendeur, à savoir, la société, l'être moral qui résulte de la réunion de ces personnes. Ce raisonnement serait inexact. Cette prétendue existence morale n'est admise que dans les sociétés commerciales ; elle est inconnue dans les sociétés civiles. Nous en trouvons notamment la preuve dans l'art. 1862 du Code Napoléon.

VI. La troisième condition, c'est que l'affaire soit susceptible de transaction. Ici se place la troisième cause de dispense qui tient à l'objet de la demande. Le motif sur lequel repose cette disposition est le même que dans la précédente. Il serait complètement frustratoire d'assujétir à cette tentative les parties, lorsque la cause se refuse à toute transaction. Mais aucun texte de la loi ne dit quelles sont les affaires de cette nature. De la combinaison des articles 2045 du Code Napoléon, 1003 et

1004 du Code de Procédure, il résulte que ces affaires sont celles énumérées dans ce dernier article : « les dons et legs, aliments, logements et vêtements, les séparations entre mari et femme, les questions d'Etat et les contestations sujettes à la communication du ministère public. » Le paragraphe 2 de l'article 49 mentionne un autre cas de dispense relatif à l'objet de la demande, savoir : *les demandes qui requièrent célérité.* Il importe au demandeur d'obtenir un jugement. Dans la simple éventualité d'une transaction, il ne convient pas d'exposer les parties à un grave préjudice. Il était aussi inutile de faire un alinéa particulier pour les affaires énumérées dans le paragraphe 5 de l'art. 49, puisque s'il y a urgence en quelque matière ce doit être dans ces cas.

Reste le paragraphe 7, de l'art. 49. Presque toutes les dispenses de ce paragraphe rentrent dans les idées que nous avons déjà développées.

Section II.

Règles de compétence en matière de conciliation.

Remarquons que les dispositions de l'art. 50 ne sont pas applicables au cas où les parties comparaissent sans citation et volontairement devant le juge de paix qu'il leur convient de choisir. Cet accord rentre même dans l'esprit de la loi si favorable à la conciliation ; et n'est-ce pas d'un heureux présage pour le bon succès de cette tentative? Ce n'est donc que dans le cas de citation que l'art. 50 reçoit son application.

I. *Le défendeur sera cité en conciliation*, dit cet article 50 : I. *En matière personnelle et réelle devant le juge de paix de son domicile.* La loi confond en matière de citation en conciliation le cas où la matière est réelle et celui où la matière est personnelle, tandis que, lorsqu'il s'agit d'assignation en justice, le défendeur doit être cité, en matière personnelle devant le tribunal de son domicile, et en matière réelle devant le tribunal de la situation de l'immeuble litigieux. La différence est motivée ; tant qu'il ne s'agit que de la conciliation, la citation doit être donnée devant le juge de paix du domicile du défendeur, soit qu'il s'agisse d'un droit personnel, soit qu'il s'agisse d'un droit réel, parce que c'est ce juge de paix qui a le plus de pouvoir sur les parties et qu'il y a lieu d'espérer que sa voix, ses excitations, ses remontrances obtiendront ce que n'obtiendrait pas un juge de paix étranger. Quand, au contraire, il s'agit de plaider, le tribunal de la situation de l'immeuble sera plus en état de rassembler tous les renseignements nécessaires au jugement.

II. *S'il y a deux défendeurs devant le juge de paix de l'un d'eux, au choix du demandeur.* Cela s'entend ainsi, pourvu qu'il y ait liaison dans les deux causes, connexité d'intérêt entre les deux défendeurs. Car alors si je les appelais isolément, la transaction serait bien plus difficile, parce que chacun d'eux se reposerait sur les moyens de défense de l'autre.

III. *En matière de société autre que celle de commerce, tant qu'elle existe devant le juge du lieu où elle est établie.* Cette disposition recevra son application dans très peu de cas, parce que ces sociétés sont assez rares; de plus, les sociétés civiles, lorsqu'elles existent, ne se présentent guère avec le caractère que leur attribue notre alinéa, n'ont guère de siège, d'établissement, surtout en supposant, ce que nous devons toujours supposer, qu'elles ne soient contractées qu'entre deux personnes. Il y a lieu d'appliquer l'art. 49, § 2, si on suppose plus de deux associés.

IV. *En matière de succession, sur les demandes entre héritiers, jusqu'au partage inclusivement; sur les demandes qui seraient intentées par les créanciers du défunt, avant le partage; sur les demandes relatives à l'exécution des dispositions à cause de mort jusqu'au jugement définitif devant le juge de paix du lieu où la succession s'est ouverte.* Cette dérogation au principe que la citation en conciliation doit être donnée devant le tribunal de paix du domicile du défendeur, est motivée sur ce que les divers héritiers appelés à une succession se trouvent fréquemment dans le lieu de l'ouverture de la succession et que c'est là que se trouveront toujours les pièces et documents nécessaires pour trancher toutes les contestations; et le *jugement définitif* de notre article est le jugement d'homologation du partage entre héritiers.

Section III.

Formes et délais de la citation en conciliation.

Il faut appliquer aux citations en conciliation les formes prescrites pour les citations devant les juges de paix, comme juges. Seulement pour les premières, à cause de leur importance, le délai sera de trois jours au moins avec augmentation à raison des distances, tandis que pour les secondes, qui sont en général plus simples, la loi n'exige qu'un délai d'un seul jour. Dans celles-ci, le demandeur doit indiquer l'*objet et les objets de la demande*, afin que le défendeur, connaissant les moyens de son adversaire, ne soit pas pris au dépourvu et condamné avant d'avoir préparé sa défense ; dans celles-là, l'art. 52 exige simplement qu'on énonce sommairement l'objet de sa demande. Le billet d'avis dont on fait précéder dans la pratique la citation devant le juge de paix comme juge, pour diminuer les frais des affaires, est-il nécessaire avant la citation en conciliation? La loi du 28 mai 1838 s'exprime généralement : *aucune citation* ne peut être donnée sans ce préalable. Cependant une décision ministérielle a décidé que cette formalité n'était pas nécessaire dans ce cas.

Section IV.

Comparution des parties ; conciliation ; cas de non conciliation ; cas de non comparution.

I. Les parties ne peuvent se dispenser de comparaître en personne *qu'en cas d'empêchement*, afin que l'une d'elles ne puisse se soustraire aux influences du juge conciliateur et aux propositions de l'adversaire. Mais il est loisible de se faire représenter par *telles personnes* qu'il convient, même *par un homme de loi*, sans *cependant leur donner pouvoir de transiger*, ce que prohibait la loi du 16 mars 1790 ; devant le juge de paix, comme juge, on peut, *dans tous les cas*, se faire *représenter par un mandataire*.

Ces expressions de l'art. 54..... *Que le demandeur pourra augmenter sa demande, et le défendeur former celles qu'il jugera convenables*, doivent s'entendre avec modération, et dans ce sens que le demandeur pourra à sa demande en ajouter d'autres qui seront accessoires et étroitement liées à la première, et le défendeur former toutes demandes reconventionnelles de nature à affaiblir la demande principale.

II. Deux hypothèses sont prévues et réglées par l'art. 54 : 1° *Si la conciliation aboutit*, il sera dressé un procès-verbal contenant les conditions de l'arrangement des parties. Les conventions qui y seront insérées auront force d'obligation privée. Ce sera un acte authentique, aux termes de la loi; mais il n'aura pas la force des actes notariés, la force parée. Il n'emportera pas hypothèque. 2° *Si la conciliation n'aboutit pas*, le procès-verbal fera sommairement mention que les parties n'ont pu s'accorder. Un procès-verbal détaillé de la discussion de l'audience serait un piège tendu à la simplicité en faveur de la ruse et de la mauvaise foi. Il peut arriver que l'une des parties défère le serment à l'autre, c'est-à-dire consente à la tenir quitte si elle prête le serment. Il est clair que le serment prêté emporte une transaction, et que le juge de paix devra dresser un procès-verbal de conciliation. Mais si la partie à laquelle le serment est déféré refuse de le prêter, ce refus entraînera-t-il pour elle la perte du procès? D'abord, le juge de paix siégeant au bureau de conciliation ne pourra condamner personne. Des auteurs argumentent de l'article 1361, Code Napoléon, et de la mention que doit faire le juge de paix du refus de le prêter, pour dire que la partie qui a refusé de le prêter doit être condamnée devant les juges du tribunal civil. D'autres tiennent l'opinion contraire, parce que le serment dont parle l'article 1361 est le serment judiciaire, ce qui n'est pas l'espèce, seulement disent-ils, ce refus doit être une présomption plus ou moins forte devant les juges du tribunal de première instance.

III. Celle des parties qui ne comparaîtra pas sera condamnée à dix francs d'amende, et toute audience lui sera refusée jusqu'à ce qu'elle ait justifié de la quittance, art. 56. C'est au tribunal civil qui sera saisi de la demande, à prononcer cette condamnation et non au juge *conciliateur* qui n'a aucune attribution judiciaire. Si le défendeur, condamné selon l'art. 56, ne s'exécute pas, il sera rendu contre lui un jugement par défaut qui, après le délai, aura la force d'un jugement contradictoire; il sera fait mention de la non comparution de l'une des parties, sur le registre du greffe de la justice de paix et sur l'original ou la copie de la citation, sans qu'il soit besoin de dresser procès-verbal, 58. Enfin par la disposition de l'article 57, qui attribue à la citation en conciliation la vertu d'interrompre la prescription et de faire courir les intérêts, le créancier peut mettre à profit le dernier jour de la prescription pour prévenir une déchéance, dont il serait frappé aux termes de l'article 2244 du C. Nap. s'il formait une demande judiciaire; il lui est aussi permis par cette disposition, de faire courir les intérêts du jour où le débiteur est en retard de les payer. Mais la citation en conciliation ne produira ce double effet qu'autant que, dans le mois, à dater du jour de la non comparution ou de la non conciliation, le créancier aura formé une demande judiciaire. Dans le cas contraire, cette citation serait comme non avenue, en ce sens seulement que les intérêts n'auraient pas cours, et que la prescription se serait accomplie, sans que le défaut d'une demande judiciaire dans ce délai, ait pour effet de faire périmer la citation en conciliation.

POSITIONS.

I. Les départements sont-ils des personnes morales ou bien des fractionnements de l'Etat? Ce sont des personnes morales, et les demandes qui les concernent sont soumises, comme celles de l'Etat et des communes, à un essai de conciliation tout particulier et administratif.

II. L'héritier bénéficiaire est-il soumis au principe de la conciliation? Non.

III. Dans la citation en conciliation le mari et la femme compteront-ils pour deux? Oui.

IV. Quel serait l'effet d'une promesse d'hypothèque insérée dans le procès-verbal de conciliation ? Elle serait obligatoire et celui qui l'aurait promise pourrait être poursuivi et forcé en justice à cet effet.

DROIT CRIMINEL.

Des questions préjudicielles.

On entend par question préjudicielle, suivant l'explication qu'en donne M. Merlin, « toute question qui, dans un procès, doit être jugée avant une autre, parce que celle-ci serait sans objet, si la personne qui l'élève succombait sur celle-là. » On peut les définir plus nettement, au moins en matière criminelle : « toutes questions qui se *détachent* du procès criminel et dont la solution doit *précéder l'appréciation des faits,* objet de la poursuite.» (Voir M. Molinier, Progr. de Droit Crim., tit. IV. chap. V, § 1er, *des Questions Préjudicielles*).

I. En principe, la justice criminelle est indépendante de la justice civile qui lui est même subordonnée, C. d'Inst. Crim., art. 3. Lorsqu'un délit a été commis et que la partie lésée a porté son action civile devant le tribunal civil, ce tribunal doit, avant de statuer sur l'action qui lui est déférée, attendre que le tribunal de répression ait statué sur l'action publique.

II. En second lieu, le tribunal de répression appelé à prononcer sur un délit est, en thèse, compétent pour décider tous les faits accessoires qui se rattachent aux éléments constitutifs de ce délit ; il est même compétent pour statuer sur les questions de droit qui naissent de l'instruction et de la défense des parties, et qui sont de nature à modifier ou aggraver le caractère du fait objet de la poursuite et de la peine dont il est susceptible, lors même qu'il ne pourrait pas connaître ces questions si elles se présentaient à juger en dehors d'une poursuite criminelle.

III. Mais il existe des exceptions assez nombreuses à ces principes. Il est des cas assez fréquents où un obstacle juridique nécessite la suspension, soit de l'exercice du droit d'action publique, soit du jugement relatif à un fait qui constitue un délit. Parmi ces causes légales de suspension, il faut ranger les questions préjudicielles, objet de notre examen. Remarquons d'abord qu'il ne faut pas confondre les questions préjudicielles avec les questions préalables. Celles-ci, telles que l'amnistie, l'exception de la chose jugée, s'attaquent à l'action qu'elles ont pour but de faire déclarer éteinte ; celles-là ne se proposent que d'obtenir une suspension, soit de l'action publique, soit du jugement du tribunal de répression, jusqu'à ce qu'elles aient été vidées.

IV. Au nombre des questions préjudicielles il en est dont le jugement doit précéder l'exercice de l'action publique, et il est d'autres dont le jugement doit précéder la décision seulement du tribunal de répression: de là, la distinction des *questions préjudicielles à l'action, et des questions préjudicielles au jugement.*

Section Ire.

Des questions préjudicielles à l'action.

Dans cette première catégorie se rangent les questions d'état. On entend par questions d'état, toutes les contestations qui ont pour but de déterminer l'état civil d'une personne, c'est-à-dire sa qualité de citoyen ou d'étranger, d'époux, d'enfant légitime ou d'enfant naturel. Ces questions s'élèvent au devant de l'action publique toutes les fois qu'elle poursuit la répression d'un crime, soit de suppression ou de supposition d'état, soit de faux ou de destruction de titres, avec le but de changer l'état civil d'une personne. Mais remarquons que la question d'état n'est préjudicielle à l'action publique que lorsqu'elle a pour objet une question de filiation, que cette filiation est contestée et que la poursuite peut exercer quelque influence directe sur l'état de l'enfant.

I. Dans notre ancien droit aucune ordonnance ne subordonnait la poursuite d'un délit ou le jugement du procès criminel à la décision préalable de la question d'état. Seulement, comme notre ancienne jurisprudence, de même que notre code, n'autorisait dans les procès civils relatifs à la filiation, l'emploi de la preuve testimoniale, qu'autant qu'il existait déjà un commencement de preuve par écrit, si les juges s'apercevaient que la voie criminelle n'était qu'un moyen frauduleux et détourné d'éluder les règles du droit civil et d'arriver à la preuve de l'état, *sans commencement de preuve par écrit*, ils déclaraient qu'il n'y avait pas lieu d'instruire l'accusation. (Voir arrêt du Parlement de Paris, 19 juin 1724).

II. C'est là un abus que notre code a voulu radicalement prévenir par les dispositions des art. 326 et 327 : *Les tribunaux civils seront seuls compétents pour statuer sur les questions d'état, et l'action publique contre un délit de suppression d'état ne pourra être exercée qu'après le jugement définitif sur la question d'Etat.* Ces dispositions ne sont que la conséquence et la sanction de cette autre règle écrite à l'art. 323 du même code : *la filiation ne peut être prouvée par témoins que lorsqu'il existe déjà un commencement de preuve par écrit ou des indices graves qui la rendent vraisemblable.* C'est une exception à la règle générale de l'art. 3 du Code d'Instr. Crim. que nous avons déjà indiquée, exception qui est commandée par l'intérêt de la société au repos de laquelle il importe que les familles les plus pures et les plus respectées ne soient pas ébranlées par des tentatives aussi odieuses qu'injustes. Aussi jusqu'au jugement définitif de la juridiction civile, la juridiction répressive est frappée d'une incompétence absolue.

Section II.

Des questions préjudicielles au jugement.

Dans cette seconde catégorie rentrent toutes les questions qui font dépendre l'existence même d'un délit de l'appréciation d'un fait antérieur. Cette question ne fait aucun obstacle à ce que l'action soit commencée ; elle élève seulement au milieu de la poursuite un élément qu'il est nécessaire d'apprécier pour juger si ce délit existe ou n'existe pas. Les juges de répression doivent dans ce cas suspendre leur décision jusqu'à ce que cette question ait été décidée par l'autorité civile ou par l'autorité compétente.

I. Lorsque le prévenu excipe d'un droit de propriété, il y a matière à une question préjudicielle, c'est-à-dire, il peut demander le renvoi à fins civiles pour faire juger la question de propriété. L'assemblée constituante l'avait ainsi décidé en matière de délits forestiers (art. 12, t. 19 du décret du 15-29 septembre 1791 sur l'administ. forestière). L'article 182 du Code Forestier, et l'art. 59 de la loi du 15 avril 1829 sur la pêche fluviale, ont consacré une semblable disposition dans les matières spéciales qu'ils règlent. La cour de cassation a déclaré que les art. 182 du C. Forestier et 59 de la loi du 15 avril 1829 sur la pêche fluviale, n'ont fait qu'appliquer et consacrer dans deux matières spéciales une règle générale applicable à toutes ces matières. (Cassation, arrêt du 19 mars 1835, bull. n° 100. — 29 décembre 1843, bull. n° 334). Un troisième arrêt de la même cour, du 26 décembre 1846, décide que ce principe est général et absolu, qu'il s'applique par conséquent à tous les genres de délits et à toutes les poursuites portées devant les tribunaux de répression, lors desquelles le prévenu excipe d'un *droit de propriété* ou d'un autre *droit réel* qui serait de nature, dans le cas où il serait reconnu par l'autorité compétente, à ôter au fait qui sert de base aux poursuites, tout caractère de délit.

L'exception préjudicielle doit, pour être accueillie, réunir plusieurs conditions. Il faut : 1° qu'elle soit fondée sur un droit de propriété ou tout autre droit réel actuellement existant ; 2° que ce droit soit de nature à ôter au fait qui sert de base aux poursuites tout caractère de délit ou de contravention ; 3° qu'aucune voie de fait n'ait été exercée pour le faire valoir ; 4° qu'il soit appuyé sur des titres apparents ou sur des faits de possession équivalents ; 5° que ce titre ou ces faits soient personnels au prévenu ; 6° enfin, que l'articulation en soit faite avec précision.

Dans cet état, le tribunal de répression ordonne le sursis qui a le double effet de faire réserver l'affaire en l'état où elle se trouve, de manière qu'aucun acte ne puisse en changer les termes, et de mettre le prévenu en demeure de faire juger la question préjudicielle dans le délai qui lui a été imparti ; car de nombreux arrêts ont établi comme une forme essentielle la fixation faite par les tribunaux du délai dans lequel le prévenu doit faire ses diligences à l'effet de la question préjudicielle. S'il en était autrement, il ne dépendrait que du prévenu d'ajourner indéfiniment le jugement de cette question, et de s'assurer l'impunité, ce qui serait contraire à l'ordre public et au maintien du droit de propriété. A l'expiration du délai, le prévenu est rappelé devant le tribunal civil pour y justifier de ses diligences. Si le jugement civil est en sa faveur, il n'y a plus qu'à prononcer l'acquittement ; si le tribunal civil n'a pas encore statué sur la question préjudicielle, le prévenu peut être condamné pour défaut de diligences ; mais le jugement est toujours suspendu.

II. Si l'exception est fondée sur un droit de propriété mobilière, la jurisprudence admet la compétence du juge répressif. Les questions de droit civil auxquelles donnent lieu la propriété ou la possession des objets mobiliers, sont simples ou peu compliquées, et les tribunaux répressifs ont presque toujours en main tous les éléments nécessaires pour les apprécier. S'il en était autrement, comme les délits et contraventions qui se rattachent à ces objets sont beaucoup plus fréquents que ceux qui se rapportent aux immeubles, il en résulterait pour la justice pénale une perpétuelle entrave.

III. Le crime de bigamie peut donner lieu à une question préjudicielle au jugement. *Quiconque*, porte l'art. 340 du Code Pénal, *étant engagé dans les liens du mariage en aura contracté un autre avant la dissolution du premier, sera puni de la peine des travaux forcés à temps*. C'est dans le fait du second mariage *régulièrement contracté* pendant *l'existence* du premier que consiste le crime de bigamie. Si donc le prévenu excipe pour sa défense la *non-validité du premier mariage*, on doit d'abord juger cette question à laquelle est subordonné le crime de bigamie. Ce n'est qu'après que ces allégations ont été vérifiées et la validité du premier mariage reconnue que le second mariage peut servir de base à une condamnation. Ainsi, le tribunal de répression doit surseoir à statuer sur l'accusation de bigamie, jusqu'à ce que le tribunal civil ait prononcé sur la validité ou la non validité du premier mariage. La jurisprudence est conforme à cette doctrine. (Arr. cass., 25 juillet 1811. — Arr. cass., 16 janvier 1826).

II. Le principe de la séparation du pouvoir judiciaire et du pouvoir administratif, posé par l'assemblée constituante a été consacré par plusieurs textes, depuis l'art. 7, section 3 de la loi du 22 décembre 1789, qui porte : « qu'elles (les administrations de département et de district) ne pourraient être troublées dans l'exercice de leurs fonctions administratives par aucun pouvoir judiciaire, » jusqu'à la loi du 10 fructidor an III qui déclare de nouveau que des défenses itératives sont faites aux tribunaux de connaître des actes d'administration de quelque espèce qu'ils soient, disposition qui trouve sa sanction dans l'art. 127 et s. du Code Pénal. Ainsi, en règle générale, les tribunaux civils ne peuvent connaître des actes administratifs ; ils ne peuvent les apprécier ni les modifier, arrêter ni suspendre leur exécution. Il résulte donc que toutes les fois que le prévenu excipe pour sa défense l'interprétation d'un acte administratif, le tribunal de répression doit surseoir et renvoyer la décision de la question à l'autorité compétente.

Remarquons, en terminant, que les règles prescrites par l'art. 182 du Code Forestier, et par l'art. 59 de la loi du 15 avril 1829 s'appliquent à la décision des questions préjudicielles administratives aussi bien qu'au jugement des questions préjudicielles civiles.

POSITIONS.

I. Lorsque le prévenu invoque la possession annale *animo domini*, y aura-t-il matière à une question préjudicielle ? Oui.

II. En sera-t-il de même lorsque le prévenu du crime de bigamie oppose, soit la non existence, soit la non validité du second mariage? Non.

Vu par le président de la thèse,

DUFOUR.

Cette thèse sera soutenue dans une des salles de la Faculté, le 1861.

TOULOUSE, IMPRIMERIE DE LAMARQUE ET RIVES, RUE TRIPIÈRE, 9.

IMP. LAMARQUE ET RIVES.

www.ingramcontent.com/pod-product-compliance
Lightning Source LLC
LaVergne TN
LVHW010008230826
846092LV00002B/707

* 9 7 8 2 0 1 9 9 9 4 5 8 7 *